Fußballplätze in Deutschland
Football Pitches in Germany

Rainer Sülflow

Fußballplätze in Deutschland
Football Pitches in Germany

mit Texten von
Enno Kaufhold und Maik Rosner

Kicken, Bolzen und Fotografieren
Rainer Sülflows Fußballplätze und Landschaften

Alle Welt spielt Fußball und alle Welt fotografiert – zwei Massenphänomene. Gibt es vergleichende Statistiken, auf welcher Seite die Zahl der Aktiven größer ist? Vermutlich ist nicht einmal der Gedanke daran existent. Denn wir nehmen das eine wie das andere Phänomen angesichts seiner Allgegenwart gar nicht mehr als Besonderheit wahr und auch deren Verbindungen sind uns nicht bewußt. Dabei gibt es eine längere Liaison, seit der Fotografie die Aufgabe zukam, von Fußballspielen wie von Spielern anschauliche Bilder zu liefern. Das reicht in die ersten Jahre des 20. Jahrhunderts zurück, als sich die Pressefotografie und damit der Bildjournalismus zu entfalten begann. Heute werden zwar immer noch Fotografien vom Fußballgeschehen in den Zeitungen und Zeitschriften gedruckt, wir beziehen unsere Hauptinformationen über die Vereine, die Spieler, die Trainer, die Skandale, die Spiele und die Tore jedoch aus dem Fernsehen. Da ist kein Ort zu weit, als dass nicht die Fernsehkameras die Spielbegegnungen direkt übertragen oder doch zumindest Aufzeichnungen mit den entscheidenden Spielszenen senden würden. Davon wie von den fotografierten und heute noch parallel zum Fernsehen veröffentlichten Fußballbildern sind Rainer Sülflows Fotografien weit entfernt. Einmal davon abgesehen, dass er als Einzelner mit seiner Fotokamera ohnehin nicht mit der breiten Sendepräsenz der Fernsehsender konkurrieren könnte, wie sollte er, verfolgte er in der von ihm in den beiden letzten Jahren fotografierten Serie ganz und gar nicht das Geschäft der aktuellen Information. Ihm ging und geht es nicht einmal um konkrete Fußballspiele, ihn haben allein die Fußballfelder interessiert. Und da wiederum nicht die spektakulären, die wir ebenfalls aus dem Fernsehen kennen, und die inzwischen überdacht und höchst komfortabel eingerichtet sind. Geleitet von der generellen Einschätzung, dass es in jedem Ort, mag er groß oder klein sein, einen wie auch immer gearteten Fußballplatz oder zumindest einen Bolzplatz mit einem Tor gibt, reiste er kreuz und quer durch Deutschland; von Helgoland im Norden bis Neuschwanstein im Süden und von den Grenzen Polens und Tschechiens im Osten an die Frankreichs und Belgiens im Westen. Bei diesen Fahrten kreuz und quer durch die Lande war Rainer Sülflow darauf bedacht, einen Querschnitt deutscher Regionen zu streifen und in repräsentativen

Ansichten vorzustellen. Wie die Fußballfelder Allwetterplätze sind, wenn auch bei unwirtlichem Wetter weniger Sportbegeisterte auf ihnen spielen als bei sommerlich angenehmen Temperaturen, machte auch Sülflow seine Observationen nicht am Wetter fest. So zeigen seine Fotografien winterliche, verregnete, nebelverhangene Szenen ebenso wie solche, die im sommerlichen Sonnenschein erstrahlen. Praktisch kommen alle Wetterlagen, alle Jahreszeiten und Verfassungen in seinen Bildern vor. Sein Arbeiten folgt einer einfachen wie von ihm konsequent durchgeführten Idee und damit einem Ansatz, der künstlerisch-konzeptionell zu nennen ist. Das erfüllt die wesentlichen Ansprüche an die moderne Autorenfotografie, für die die freie Wahl und Bearbeitung eines speziellen Themas durch den Fotografen maßgebend ist.

Ihre Allgegenwart hat die Fußballplätze, wie gesagt, aus unserem Bewußtsein verdrängt. Aber können wir uns Deutschland ohne sie vorstellen, können wir uns überhaupt ein Land ohne sie vorstellen? Nein! Sülflow rückt sie nun mit den Mitteln der von ihm bestens beherrschten Kameratechnik in unser Bewußtsein und macht sie uns in ihrer Vielfalt präsent. Technisch gesprochen fügen sich seine Fotografien in die moderne Farbfotografie ein, noch ganz analog und im 6 x 6-Mittelformat auf Farbnegativmaterial aufgenommen. Nach überholtem Sprachgebrauch gehören seine Fotografien in die Kategorie der Dokumentation. Aber von Dokumentieren kann eigentlich recht keine Rede sein, läßt Sülflow uns doch bei jeder seiner fotografischen Einstellungen spüren, das er seinen Standpunkt wohl überlegt, seine Motive nach ästhetischen wie inhaltlichen Gesichtspunkten ausgewählt hat. Die Blickachsen, die Ausschnitte, die Distanzen wie die Nähen, die Auf-und Untersichten, all das fügt sich in sein gestalterisches Kalkül, gibt den Bilder das, was eben gute Bilder ausmacht, eine Form, die aufmerken läßt, die uns häufiger und länger als nur einmal auf seine Bilder blicken läßt. Sülflow interpretiert, bewußt wie intuitiv seinen unmittelbaren Empfindungen und Gefühlen am jeweiligen Ort folgend.

Was nun die Fußballplätze betrifft, so erscheinen diese generell eingebunden in lokale Gegebenheiten, mögen diese eher städtisch oder eher ländlich aussehen, in Kulturräume jedenfalls, die ihre Unschuld bereits verloren haben, lange bevor dann noch Fußballplätze angelegt wurden. Doch was ist die Minimalanforderung, um überhaupt von einem Fußballfeld sprechen zu können? Es bedarf einer bespielbaren Fläche, das kann Gras, Rasen, Schotter oder ein anderer Stoff sein, es gibt auch schon die Kunststoffflächen, was auch immer. Wichtig ist dann noch das Tor, damit am Ende des Spiels die geschossenen Tore gezählt werden können. Schließlich entscheiden sie ungeachtet aller fußballerischer Finessen und Freude am Spiel über Sieg oder Niederlage. Wer da meint, Fußballfelder seien ein gar zu sprödes Thema, als das ihnen in einer Serie noch etwas Besonderes abzugewinnen sei, den widerlegen Rainer Sülflows Bilder. Bei allen naheliegenden Wiederholungen und allein das Grün des Rasens könnte als ein solches immer wiederkehrendes Element angeführt werden, es dominieren letztlich die Varianten und Variationen. Auf die kommt es an, und insofern liegt in Rainer Sülflows bewußter Wahl der Farbe, als Alternative zum eher abstrahierenden Schwarz-Weiß, ein Schlüssel zum anzutreffenden Motivreichtum. Die Vielfalt der natürlichen Farben, wie er sie vorgefunden und buchstäblich ungefiltert gelassen hat, lenkt den Blick auf die farblichen Unterschiede zwischen den verschiedensten Fußballfeldern. Zugleich stellen die Farben eine deutlichere Nähe her. Eine Nähe, die für den Betrachter das Wiedererkennen wie Erkennen begünstigt. Dann die von Sülflow eingenommenen Perspektiven. Auch sie bringen Spannung in die Serie. Wechselt er doch zwischen unverstellten Blicken und solchen, bei denen er durch die Maschen des Tores fokussiert. Bei allem Kalkül, inhaltlichem wie ästhetischem, bestechen seine Bilder durch ihre Klarheit und schließlich ihren unterschwelligen Humor, der still, aber letztlich doch unübersehbar aus vielen seiner Motive spricht.

Kennen wir das nicht aus dem Umgang mit den Bildmedien? Das nicht Abgebildete, das in den Bildern Abwesende, Ausgesparte drängt sich nicht minder stark in unser Bewußtsein, als das, was sich unserem Blick unmittelbar anbietet. So macht es Sinn, in seinen Fotografien nicht einen einzigen Fußballspieler oder gar ganze Mannschaften (oder Frauenschaften) anzutreffen. Alle seine Fußballfelder sind menschenleer, als sei das Fußballspielen restlos aus der Mode gekommen. Doch der Schein trügt. Gerade die unübersehbare Leere der Plätze imaginiert in unserer Fantasie das Spielen mit dem Ball. Wie die Spieler fehlen die Zuschauer. Was wir sehen, sind einzig und allein die Fußballfelder, in ihren reinsten Formen. In ihrer Vielfalt fotografiert, vermitteln diese keine eindeutigen Erkenntnisse, lösen aber, was viel mehr wiegt, Assoziationen und Überlegungen aus. Das gilt beispielsweise für die mehrfach in seinen Bildern anzutreffenden Kirchtürme. Damit lassen sich kulturgeschichtliche Betrachtungen verbinden. Ganz elementar ließe sich fragen, was eher da war, das Fußballspielen oder die Kirche als gesellschaftliche Institution mit ihren Bauten. Vieles spricht dafür, dem Fußballspiel das Primat zu geben. Für spätere Zeiten, als sich das Fußballspiel ebenso wie die Kirche etabliert hatte, könnte es eine sonntägliche Konkurrenz zwischen dem Fußballspiel und dem Kirchgang gegeben haben. Die Kirchtürme haben zwar in den kleineren Orten zumeist im Ortskern ihren Platz, während die Fußballfelder zumeist an den Ortsrändern angesiedelt worden sind, dennoch erscheint die Frage heute opportun, wo sich die kulturelle Mitte befindet. Eine Verbindung läßt sich hinsichtlich der Korrespondenz von Leib und Seele sehen. Der Gottesdienst dient primär dem inneren Gleichgewicht, gleichwohl kann auch das Fußballspiel für den Seelenhaushalt etwas bewirken, denn günstigenfalls profitiert der Körper von der Bewegung und der Ekstase.

Frappierende Effekte stellen sich durch die Rechteckigkeit der Tore ein, wenn diese zusammen mit Häusern, Industrieanlagen und anderen Bauten ins Bild kommen und sich Korrespondenzen einstellen, oder sich eben nicht so recht im Einklang befinden. Dann läßt sich angesichts der äußerlichen Zustände der jeweiligen Fußballplätze von Befindlichkeiten sprechen. Diese können – einmal ins Menschliche gehoben – lächerlich aussehen, wie jeder von uns, wenn wir mal alle Fünfe gerade sein und uns gehen lassen. Die Fußballfelder wie die eisernen, hölzernen, die aufrecht stehenden wie umgekippten Tore können in bemitleidenswerter Verfassung vernachlässigt aussehen, weil sich niemand um sie kümmert. Sie können von schlechtem Design und Geschmack zeugen und so ein Licht auf die ästhetischen Ansprüche in einem Ort werfen. Doch in keinem seiner Bilder erhebt Rainer Sülflow den Zeigefinger, als wolle er nachdrücklich auf bestimmte Mißstände hinweisen. Er konstatiert, bleibt wertneutral. Die Plätze sind, wie sie sind. Klagen mögen andere, Begründungen finden oder Besserungen herbeiführen.

Mit dieser thematisch geschlossenen Fotoarbeit verläßt Rainer Sülflow, der seit mehreren Jahrzehnten und in den verschiedensten Lebensbereichen mit Leidenschaft, aber lediglich auf privater Basis fotografiert hat, wobei die Themen Deutschland und Sport, speziell der Motorsport deutlicher konturiert waren, mit dieser Arbeit verläßt er den privaten Bereich und begibt sich erstmals in die Öffentlichkeit. Wenn er auch nicht mit den global verbreiteten Fernsehbildern konkurrieren kann, so obsiegt er mit seinen bescheideneren fotografischen Mitteln doch auf andere Weise. Die Art wie er im Verlaufe seiner Reisen eine anschauliche Serie deutscher Fußballplätze und so ganz nebenbei auch deutscher Landschaften mit ihren je eigenen Charakteristika zusammengetragen hat, genau das macht die Leistung der Fotografie generell wie seiner ganz speziell aus. Denn erst in der systematischen Erfassung der unterschiedlichsten Fußballplätze wird das breite Spektrum der Variationen bildhaft und lassen sich weitere Überlegungen darüber anstellen, was dem Ganzen als Verbindendes zugrunde liegt. Sicher, wir können uns denken, dass sie an verschiedenen Orten auch unterschiedlich aussehen, und dass nur die wenigsten tatsächlich die für die obersten Spielklassen verbindlichen Ausstattungen und Ausmaße haben. Aber hat sich je jemand über die Vielfalt nähere Gedanken gemacht. Nicht, dass Rainer Sülflow eine umfassende und damit bündige Antwort geben würde, wie sollte er das bei der zwar großen, letztlich aber doch beschränkten Zahl seiner Motive. Gleichwohl legt er mit seinen Fotografien einen eindrucksvollen Grundstein für eine Typologie und zugleich Morphologie des Fußball- und Bolzplatzes in Deutschland. Er öffnet unsere Augen für ein omnipräsentes Phänomen.

Enno Kaufhold

Weltmeister aus der Provinz

Es war ein bunt zusammen gewürfelter Haufen. Kicker aus ganz Deutschland hatten sich versammelt, von Vereinen, deren Namen nur schwer über die Lippen gehen. Vom SV Wannweil, KeWa Wachenbuchen, FC Vilshofen, 1. FC Hardtberg, TB Jahn Lambsheim und einigen anderen. Provinzvereine eben, kleine Klubs, deren Mannschaften nur selten andernorts als in der Montagsausgabe der Lokalzeitung Erwähnung finden. Für die Kicker stand an diesem Juliabend jedoch ein besonderes Spiel an. Für die meisten von ihnen sollte es sogar das bedeutendste ihrer sportlichen Laufbahn werden.

Der junge Bodo vom 1. FC Hardtberg hütete das Tor, Klaus vom FC Vilshofen organisierte die Abwehr, Jürgen aus Lambsheim und Andreas vom HSV Barmbek-Uhlenhorst spielten Verteidiger und weiter vorne im Mittelfeld wirbelte der kleine Thomas von Meteor 06. Sie hatten das Spiel eindeutig im Griff, kombinierten sicher und ließen der anderen Mannschaft kaum eine Chance. Nur vorne haperte es, so sehr sich die Stürmer Jürgen vom TB Gingen/Fils und Rudolf vom TSV 1860 Hanau auch mühten, sie hatten einfach keinen guten Tag erwischt, Torchancen blieben die Ausnahme. Auch der eingewechselte Stefan vom TSV Dinkelsbühl konnte daran nichts ändern. Erst als Rudolf, den alle nur Rudi nannten, in der 84. Minute im Strafraum zu Fall kam, war die Chance gekommen. Abwehrspieler Andreas schnappte sich den Ball und verwandelte den Foulelfmeter zum 1:0. Wenig später pfiff der Schiedsrichter ab. Deutschland war Weltmeister.

An diesem 8. Juli 1990 feierten sie von Barmbek-Uhlenhorst bis nach Vilshofen ihren Andreas, ihren Klaus und all die anderen, die den dritten WM-Titel errungen hatten. Hier hatten sie angefangen, Fußball zu spielen. Nun standen sie im Stadio Olimpico in Rom und nahmen unter dem Beifall von 73 603 Zuschauern den WM-Pokal von Italiens Staatspräsident Francesco Cossiga in Empfang. Ein Feuerwerk erhellte den Nachthimmel. Knapp 15 Jahre sind seither vergangen, und noch immer ist man in den kleinen Klubs stolz auf die Spieler von einst.

Einige der Kinder und Jugendlichen, die damals Spielern wie den oben genannten Andreas Brehme, Klaus Augenthaler, Thomas Häßler, Jürgen Klinsmann und Rudi Völler im Fernsehen zugesehen hatten, spielen heute in der Bundesliga und werden 2006 bei der Weltmeisterschaft Vereine wie die SG Blaubach-Diedelkopf vertreten, jenen Bezirksligisten, bei dem Miroslav Klose in der Jugend anfing Fußball zu spielen, um später bei der WM 2002 mit fünf Toren zweitbester Torjäger hinter dem Brasilianer Ronaldo zu werden.

Die meisten jungen Spieler werden eine derartige Karriere natürlich nicht einschlagen. Doch die ersten Erlebnisse im Fußball verbinden die Stars von heute mit den Kindern von damals, die vielleicht mit ihrem Vater auf den Bolzplatz um die Ecke gegangen waren, um das erste Tor ihres Lebens zu schießen. Viele erinnern sich noch, wie sie etwa an einem Sommerabend mit Freunden auf dem Dorfplatz oder am Stadtrand gekickt, wie sie große Siege gegen die Mannschaft von der anderen Straßenseite errungen haben und sicher auch an nasskalte Novembertage, an denen sie mit ihrer Mannschaft von einem Auswärtsspiel mit dreckverschmierten Trikots und aufgeschürften Knien nach Hause gekommen sind. Oder wie sich ihre Eltern am Spielfeldrand am liebsten selbst eingewechselt hätten. Oder an den staubigen Geruch der maroden Umkleidekabine, an die Duschen, die wenn überhaupt, dann nur kaltes Wasser als Rinnsal aus der Leitung dringen ließen. Romantik, Melancholie und Träumereien verbinden sich bei diesem Spiel auf wundersame Weise.

Und manch einer erinnert sich noch an seinen damaligen Mitspieler, der alle Gegner schwindelig spielte und dann in die Kreisauswahl berufen wurde, zum nächst größeren Verein wechselte und später zumindest lokale Berühmtheit erlangte. Für einige wenige ging es sogar noch weiter. Wenn es sich besonders gut fügte, sogar bis zur Weltmeisterschaft. So, wie bei Jürgen Klinsmann vom TB Gingen/Fils. Und wenn man liest, wie der heutige Bundestrainer seine ersten Gehversuche im Fußball schildert, dann wird klar, was seine Leidenschaft für dieses Spiel entfacht hat: „Ich habe eigentlich sehr spät angefangen in einem Verein zu spielen. Doch wir trafen uns zu dieser Zeit immer nach der Schule auf unserem Bolzplatz und kickten bis es dunkel wurde. Als ich dann 1972 als Achtjähriger doch zum ersten Mal in der E-Jugend des TB Gingen/Fils spielte, löcherte ich vor der Einwechslung in meinem ersten offiziellen Spiel gegen den FTSV Kuchen meinen damaligen Trainer permanent mit der Frage: „Was ist denn nun Abseits?" Nach einem genervten Blick hieß die Antwort ganz einfach: „Mach Dir keine Gedanken, geh´ rein und hab´ Spaß!" Und soweit ich mich erinnere, habe ich kein einziges Mal im Abseits gestanden und vor allem viel Spaß gehabt!"

Ein halbes Jahr danach kam dann einer dieser Tage, die besonders viel Spaß gemacht haben. Am 29. September 1973 schoss der kleine Jürgen beim 20:0 gegen die Mannschaft aus Aichwald 16 Tore. Später spielte er dann in Stuttgart für die Kickers und den VfB, für Inter Mailand, AS Monaco, Tottenham Hotspur, Bayern München und Sampdoria Genua. Die kleine Welt des Bäckersohns Jürgen Klinsmann hatte sich dramatisch verändert. Ohne den Sportplatz des TB Gingen/Fils in der Nähe von Göppingen wäre diese Rundreise vielleicht nicht zustande gekommen. Doch die Aufgabe der kleinen Vereinen ist es natürlich nur am Rande, die großen Vereine mit talentierten Fußballern zu beliefern, die später vielleicht sogar einmal als Nationalspieler an einer Weltmeisterschaft teilnehmen und diese dann wohlmöglich auch noch gewinnen. Das gelingt selbstredend nur selten. Die Chancen auf einen der freien Plätze in der Auswahl sind für die aktuell 6,27 Millionen Mitglieder im Deutschen Fußball-Bund (DFB) ähnlich gering wie die Aussichten der Nationalmannschaft der Fidschi-Inseln auf einen WM-Titel. Die eher kleinen Klubs vom Schlage eines TuS Kachtenhausen oder einer SG Oesterweg sind dennoch der Quell des großen Fußballs, weil sie in der Regel ganz unauffällig einigen hundert Menschen aus einem Stadtteil oder aus einem Dorf eine Heimat bieten und bei denen die Begeisterung für die kleinen und großen Momente des Spiels die Grundlage des gemeinsamen Hobbys bildet. Leistung ist dabei zwar nicht ganz unwichtig, entscheidend sind jedoch die dem Spiel immanenten Werte, die im professionellen Sport allzu oft aufgegeben werden – müssen, würde manch einer hier noch ergänzen. Abseits des großen öffentlichen Interesses können klassische sportliche Ideale jedoch zumindest wesentlich leichter bewahrt und gepflegt werden. Und für diejenigen, die etwa bei einem Kreisligisten spielen, macht gerade das Fehlen professioneller Strukturen einen Großteil der Identifikation mit ihrem Klub aus.

In vielem, was dieser erreicht, können die meisten Mitglieder ihren Anteil am gemeinsamen Erfolg erkennen. Ein etwas eigenwillig abgekreideter Platz oder eine improvisierte Eckfahne sind dabei in der Regel nicht wirklich störend. Im Gegenteil: Die Unvollkommenheit dieser Vereine und ihrer Plätze machen spätestens im Rückblick einen ganz besonderen Reiz aus. Hier finden Anekdoten ein Zuhause. Und an diese Vereine, an die Menschen und an die Plätze erinnert sich jeder, der einmal Fußball gespielt hat, ganz gleich, ob Amateur oder Weltmeister.

Maik Rosner

Wyk auf Föhr

Helgoland

Travemünde

Eggebek

Krakow

Tessin

Marlow

Neu Kaliß

SV
ROTATION
GÄSTE
HOLZ-DANKERT
Alete

Vehlefanz

Wandlitz

Rosow

Ackendorf

Lüttchendorf

Schöneck

Triebel

Langenau

Höfen

Monschau

Oberfell

LAND ROVER
Zender

Kollig

Marxloh

Lindenhorst

Ruhrkohl

Kirchlinde

Westbevern

Eilmsen-Vellinghausen

Talle

Lippische
Servicebüro
Klein-Günnewyck
Grasser
Brunke

Hemeln

Deinsen

Hilligsfeld

Schwelentrup

Isernhagen

Kleinburgwedel

Schwarmstedt

Ummern

Giesen

Grafelde

Dramfeld

Rengshausen

Volkach

Dipbach

Obernissa

Mechterstädt

Gospiteroda

Pechtnersreuth

Illschwang

Arzberg

Ensingen

Züttlingen

Nonnenhorn

Männer
Sparkasse
Schnell
neukauf
Jürgen Pöppert
Obsthof
Thomas Gierer

Siegensdorf

Eiselfing

Flintsbach am Inn

Wiechs

Schwangau

Shots at Goal and with the Camera
Rainer Sülflow's Football Pitches and Landscapes

The whole world plays football, and the whole world takes photographs – two mass phenomena. Are there comparative statistics indicating which field has the larger number of active participants? Probably no one has even thought of it. For their omnipresence means that we no longer view either phenomenon as remarkable, and remain unaware of the connections between them. But there is actually a long-standing liaison, dating from the time when photography began to provide illustrations of football games and players. This was during the first years of the 20th century, when press photography – and consequently picture journalism – began to develop. Of course, photographs of football events are still printed in newspapers and magazines today, but we glean our main information about clubs, players, managers, scandals, games and goals from television. No place is too far away; television cameras can transmit matches live, or at least broadcast recordings of the most decisive scenes in any game. Rainer Sülflow's pictures are a far cry from such images and from the football photographs taken and still published parallel to television. Apart from the fact that, as an individual with his camera, he could never compete with the broad transmitting presence of television stations – indeed, how could he –, he is not pursuing the business of current information in the series that he has photographed during the last two years. He has not even been concerned with concrete football games; his sole interest has been in the football pitches. And these, in turn, have not been those spectacular stadiums which we know from television; now roofed over and so comfortably refurbished. Led by the assumption that there is a football pitch – or at least a field with goalposts where one can kick a ball about – in every town and village, large or small, the photographer travelled right across Germany; from Helgoland in the north to Neuschwanstein in the south; from the borders of the Czech Republic and Poland in the east to those of France and Belgium in the west. On these trips across the country, Rainer Sülflow made an effort to visit a cross-section of German regions and to capture these in representative views. Just as the football pitches are all-weather pitches, even though fewer sport enthusiasts may play on them in inhospitable weather than under pleasant summer conditions, Sülflow did not limit his observations according to the weather. His photographs thus show wintry, rainy or foggy scenes as well as others radiant with summer sunshine. In fact, all kinds of weather, every season of the year and all conditions appear in his pictures. His works pursue a simple and consistently realised idea and thus have a starting point that may be considered artistic and conceptual. This approach fulfils the essential requirements of modern author photography, which is defined by the photographer's free choice and development of a specific theme.

As said before, the omnipresence of football pitches has led to our unawareness of them. But could we imagine Germany without them; indeed, could we imagine any country without them? No! Employing the camera technique that he has mastered so well, Sülflow now makes us aware of them; they become present in all their diversity. In technical terms, his photographs belong to the field of modern colour photography: still fully analogue and recorded in a 6 x 6 middle-format on coloured negative material. To use terminology that is now out of date, his photographs fit into the category of documentation. But one cannot really refer to documenting; for with each of his photographic takes, we sense that Sülflow has carefully considered his own position and selected the motifs according to aesthetic and meaningful standpoints. The angles of vision, the sections, the distance and close-up shots, the perspectives from below and above - all these are aspects of his creative deliberation; they give to his pictures that quality which constitutes a good photograph. The form of each image makes us take notice, and it compels us to look at the pictures for longer and to keep coming back to them. Sülflow is an interpreter, both consciously and intuitively following his immediate impressions and feelings in each location.

As far as the football pitches are concerned, generally they appear to be integrated into the local conditions, whether these are urban or rural. They certainly belong to cultural spaces which had already lost their innocence long before football pitches were laid out there. But what minimal demand must be fulfilled before we are able to refer to a football pitch? We require a playable surface, which can be made of grass, lawn, gravel or some other material – there are already artificial surfaces – whatever. The goalposts are also important; it must be possible to count the goals scored at the end of the game, for ultimately – despite all football finesse and pleasure in playing – they are what decides over victory and defeat. Sülflow's pictures belie the notion that football is too austere a theme, and that this series can therefore have nothing special to offer. Despite the many recurring aspects – and the green of the pitch can be cited as one constantly reappearing element –, ultimately the variants and variations dominate. They are the important thing, and Rainer Sülflow's conscious choice of colour, as an alternative to a more abstracting black and white, thus presents a key to the wealth of motifs we encounter. The diversity of the natural colours as he found them and left them, literally unfiltered, leads our attention to the colour differences between the various football pitches. At the same time, the colours create an obvious proximity; a proximity which aids recognition and realisation by the viewer. There are also the perspectives which Sülflow adopts. These introduce a further tension into the series, for he alternates between free views and those focused through the netting of the goals. Despite the considerable calculation of their content and aesthetics, his images stand out largely due to their clarity and, finally, their subliminal humour. This is voiced quietly, but in many of his motifs it cannot be missed.

Is it not a common phenomenon, when handling pictorial media, for the things that are not represented, things that are absent, to penetrate into our consciousness no less forcefully than those which are offered to our immediate view? It makes sense, therefore, that we do not encounter a single player, not to mention teams, in Rainer Sülflow's pictures. All his football pitches are completely free of people, as if playing football had suddenly gone out of fashion. But appearances are deceptive. It is precisely the obvious emptiness of these pitches that makes us imagine the game with the ball. Like the players, the crowds are missing. What we see are simply football pitches, in their purest forms. Photographed with all their diversity, these do not convey clear insights, but trigger – and this is far more important – associations and ideas. That is true, for example, of the church towers that can often be encountered in the pictures. These may be linked to observations regarding cultural history. In a very elementary way, it is possible to ask which came first, playing football or the Church as a social institution, and its buildings. There is evidence enough to give primacy to the game of football. Later on, when both football and the Church had established themselves, there may have been Sunday competition between the game of football and attendance at church. It is true that church towers are usually located in the centre of smaller towns and villages, while football pitches are generally situated at the edge, but the question of where the cultural centre lies today appears nonetheless opportune. A connection may also be seen with respect to correspondence between body and soul; the church service serves primarily to restore inner balance, and in the same way, the game of football may promote spiritual well-being – ideally, the body benefits from exercise and from ecstasy.

The rectangular shape of the goals leads to some astonishing effects when they are combined with houses, industrial plants and other buildings in the photographs. In some cases a remarkable correspondence emerges, while in others, no real harmony can be ascertained. It is also possible to speak of a definitive condition with regard to the external state of the individual football pitches. These can – if raised to the human level – appear laughable, as any one of us can if he turns a blind eye and lets himself go. The football pitches, like the iron or wooden, upright or toppling goalposts, can appear to be in a pitiful condition or neglected, because no one cares for them. They may represent evidence of poor design and taste, and thus throw light on a village's aesthetic pretensions. But in none of his pictures does Rainer Sülflow point a judgemental finger, as if he expressly wished to point out certain defects. He notices things, but he remains neutral. The pitches are the way they are. Others may complain, find explanations, or introduce improvements.

Rainer Sülflow, who has been taking photographs passionately for several decades within a range of fields – whereby Germany and sport, in particular motor sport, have been clear focuses –, is leaving the private field and moving into the public for the first time with this thematic, self-contained photographic work. Although he cannot compete with globally distributed television images, his more modest photographic means enable him to prevail in a different way. The way in which, in the course of his travels, he has produced such a vivid series of German football pitches and has also assembled a collection of German landscapes with their individual characteristics; this is what constitutes the achievement of photography in general and of his own photography in particular. For only by systematically capturing the different football pitches could he visualise the wide spectrum of variation and prompt further consideration of the basic link between so many variants. Of course, we can imagine that their appearance differs according to their locations, and that only a very few of them actually have the required size and equipment for top class games. But have we ever given close consideration to this diversity? It is not that Rainer Sülflow has provided a comprehensive and thus binding answer – how could he do so, bearing in mind the ultimately restricted, if large number of his motifs. Nonetheless, his photographs lay an impressive foundation stone for a typology and morphology of football pitches, of whatever status, in Germany. He opens our eyes to an omnipresent phenomenon.

Enno Kaufhold

From Country Boys to World Champions

It was truly a motley bunch of players that had been gathered together on this particular team. Stars from all over Germany had been recruited, coming originally from clubs whose names are often real tongue-twisters – players from SV Wannweil, KeWa Wachenbuchen, FC Vilshofen, 1. FC Hardtberg, TB Jahn Lambsheim and other such generally unknown small-town clubs whose teams normally receive mention only in the Monday edition of the local newspaper. But on this July evening a very special game was scheduled for these players. For most of them it would be the most important in their entire athletic career.

Young Bodo from 1. FC Hardtberg was the goalkeeper. Klaus from FC Vilshofen organised the defence, Jürgen from Lambsheim and Andreas from HSV Barmbek-Uhlenhorst were the defenders. Tiny Thomas from Meteor 06 whirled and swirled at midfield. The teamwork was superb, they clearly had the game under control. The opposing team had hardly a chance. The only problem was up front, despite the valiant efforts of the strikers Jürgen from TB Gingen/Fils and Rudolf from TSV 1860 Hanau. It appeared not to be their lucky day. The opportunities to score a goal were few and far between. Stefan from TSV Dinkelsbühl was brought in, but he had no luck either. But finally, in the 84th minute of play they got their big chance, when Rudolf – everybody called him Rudi – was tripped up in the penalty area. Defender Andreas grabbed the ball and converted the penalty, putting the team ahead 1-0. A few minutes later the referee blew the whistle. And Germany was World Champion!

That was back on 8 July 1990. Fans from Barmbek-Uhlenhorst all the way to Vilshofen loudly celebrated the triumph of "their" Andreas, "their" Klaus and all of the others who had contributed to Germany's third World Cup victory. For it was in these small-town clubs that these sport heroes had first begun to play football. Now they stood in the Olympic Stadium in Rome and were handed the coveted World Cup by Italy's President Francesco Cossiga to the enthusiastic cheers of 73,603 spectators as fireworks lit up the night sky. That was fifteen years ago and today the members of the small local sport clubs are still ever so proud of those players and their achievement.

Some of the children and young people who watched Andreas Brehme, Klaus Augenthaler, Thomas Häßler, Jürgen Klinsmann and Rudi Völler on TV back then are now themselves playing in the German football league and will represent clubs like SG Blaubach-Diedelkopf at future World Cup competitions. It was in one of those district leagues that Miroslav Klose began to play football in his youth, later to score five goals during the World Cup 2002, second only to Brazil's Ronaldo.

Of course, most young people will not end up with such a successful football career. Nevertheless the first early experiences in this sport are the link between the stars of today and the children of yesterday. Perhaps these players also went with their fathers to the football pitch around the corner to shoot the very first goal in their life. Many still remember summer evenings of long ago when they kicked a ball with friends in the back yard or on a nearby pitch, how they celebrated great victories against teams from the other side of the street or town. And the cold and damp November days on which they came home from a game with scuffed knees and muddied jerseys – feeling proud if they had won, downcast if they had lost. Or how their fathers, standing at the sidelines, would have ever so gladly gone into the game themselves as a sub. Or of the mouldy smell of the old locker rooms, of the showers which, if they worked at all, often produced only a trickle of – you remember it! – ice cold water. Romanticism, legends, dreams are all wonderfully intertwined in this sport.

And some members still vividly recall a former teammate who dizzied the opponent with his dribbling skills. He advanced to a district team, moved up to a higher club and later achieved at least some local fame. A very few other players climbed even higher. With a bit of luck and a lot of hard work, they made it to the very top – to the world championship. Like Jürgen Klinsmann from TB Gingen/Fils. You can hear how the current German national team coach describes his first wobbly steps in the game of football, how his passion for the game was enflamed: "Actually, I joined a club very late. Back then we met at a football pitch after school and kicked the ball around till it got dark. Then in 1972, at the age of eight, I played for the first time on TB Gingen/Fils' youth team. Before being put into the game as a sub I kept pestering the coach to explain to me just what "offside" was. Clearly irritated at my persistence, he finally told me not to worry about it, I should just go out onto the pitch and have fun. Well, let me tell you! As far as I can remember, during my entire career I was never once called for being offside. And I sure had a lot of fun!"

Six months later came one of those days that was especially fun. On 29 September 1973 little Jürgen's team won the game against Aichwald 20-0 – with him scoring 16 of the goals! Later he played for Stuttgart Kickers and Stuttgart VfB, for Inter Milano, AS Monaco, Tottenham Hotspurs, Bayern München und Sampdoria Genua. The small world of the baker's son Jürgen Klinsmann had, through football, taken on greater dimensions. But without his first experiences on the football pitch of TB Gingen/Fils near Göppingen he would surely never have had the chance for such a career.

Of course it's only a marginal task of the small clubs to supply the bigger ones with talented football players who perhaps one day will take part, as a member of the national team, in a world championship – and possibly even win it to boot. Needless to say, such good fortune occurs quite seldom. Currently there are 6,270,000 members of the German Football Association (DFB), and the odds of one of them becoming a member of the national team are about as good as the prospects of the Fiji Island's national team winning the World Cup.

The small clubs like TuS Kachtenhausen or SG Oesterweg are in fact the supply source of top-notch football players because they offer a kind of second home to some hundreds of sport enthusiasts from one part of a city, town or rural village. It's a place where people meet who share a common love for the great and the simple moments of the game, for whom football is a hobby. The player's performance is not unimportant, but truly decisive are the values inherent in the game itself which are all too often forgotten or lost in professional sports. Far remote from greater public interest and attention, it's considerably easier to preserve and foster the classical and traditional ideals of sport and competition. And for those who play in a district league the lack of professional structures is one reason for their close identification with their club.

Most members can recognise their share in, their contribution to, the overall success that their clubs achieve. No one is disturbed by an unconventionally chalk-marked pitch or an improvised corner flag. On the contrary! At least in retrospect, this very lack of perfection, both in the clubs themselves and on their pitches, exerts a particularly special attraction on the fans. Anecdotes are exchanged and embellished. And later on everyone who has ever played football – whether as amateur or as world champ – looks back fondly on these clubs and their members, their pitches, their significance.

Maik Rosner

Übersetzungen: Dr. Lucinda Rennison und Robert Taylor
Gestaltung: Bettina Oelkers
Druck: Druckerei Biewald, Hannover
Printed in Germany.
1. Auflage - 2005

ISBN 3-9810123-0-5

Verlag: M&S Communication GmbH, Burgwedel
www.fussballplätze-in-deutschland.de

Dr. Enno Kaufhold (Berlin) Jahrgang 1944, freischaffend tätiger Fotohistoriker, -kurator und -publizist in Berlin. Zahlreiche Zeitschriften-, Katalog- und Buchtexte sowie eigenständige Buchpublikationen zur Fotografie, u.a. zu Heinrich Zille und Waldemar Titzenthaler. Schreibt seit 1989 regelmäßig für die PHOTONEWS. Lehrbeauftragter an der Fachhochschule für Technik und Wirtschaft (FHTW).

Maik Rosner (Berlin), Jahrgang 1976, arbeitet derzeit als Journalist u.a. für das überregionale Fußball-Magazin 11 FREUNDE. Zuvor war der Sportwissenschaftler im Print- und TV-Bereich tätig. Spielte viele Jahre in seiner Heimatstadt Bielefeld in kleinen Vereinen Fußball.

Rainer Sülflow (Burgwedel) Jahrgang 1952. Spielte 1963/64 Fußball bei Arminia Hannover, entdeckte dann aber seine Leidenschaft für die Fotografie. Studium Werbekommunikation an der Hochschule der Künste in Berlin. Seit 1980 selbstständig.